AF316414

# SOUSCRIPTION

POUR L'ÉRECTION

# DU BUSTE EN BRONZE

DU

## GÉNÉRAL DE DIVISION NÉGRIER

NÉ AU MANS, LE 27 AVRIL 1788, MORT A PARIS, LE 25 JUIN 1848

EN COMBATTANT

POUR LA DÉFENSE DES LOIS ET DE L'ORDRE PUBLIC.

## LE MANS,

JULIEN, LANIER ET Cᵒ, IMPRIMEURS-LIBRAIRES,
PLACE DES HALLES, 12.

1850.

# SOUSCRIPTION



## DU BUSTE EN BRONZE

DU

## GÉNÉRAL DE DIVISION NÉGRIER.

La souscription que nous avons été heureux d'annoncer, et dontnous donnons aujourd'hui une première liste, a pour objet de rendre un tardif hommage à la mémoire du général Négrier, que notre ville s'honorera toujours de compter au nombre de ses plus illustres enfants. Un rapide coup d'œil sur les faits brillants qui remplissent sa noble vie, suffira pour faire apprécier tous les titres de notre brave compatriote à cette justice qu'une autre cité s'est empressée de lui rendre avant nous.

François-Marie-Cazimir de Négrier naquit au Mans, dans la paroisse de Saint-Vincent, le 27 avril 1788 (1). Nos premiers troubles civils ayant déterminé sa famille à quitter la France, c'est en Portugal que le jeune Négrier passa ses premières années, et il ne le quitta pour rentrer en France qu'à l'âge de dix-sept ans. Déjà ses instincts militaires s'étaient révélés ; et, dès 1806, abandonnant la vie paisible du collège, il partait, le sac sur le dos, comme enrôlé volontaire au 2ᵉ régiment d'infanterie légère, et faisait avec éclat ses premières armes aux sièges de

(1) ACTE DE BAPTÊME DE M. DE NÉGRIER.

Le vingt-quatrième jour du mois de juin 1788, ont été suppléées les cérémonies du baptême, par nous prêtre, vicaire de cette paroisse (Saint-Vincent), soussigné, à un garçon à qui on a imposé le nom de François-Marie-Cazimir, fils légitime de messire François-Gabriel de Négrier, chevalier, chevalier de l'ordre royal et militaire de Saint-Louis, lieutenant des vaisseaux du roy, seigneur de La Vagotière, Meusonnière et autres lieux, et de dona Marie-Anné de Clamouse Palyart, demoiselle, son épouse, ses père et mère de-

Hameln, et de Dantzick. En moins d'une année il avait franchi
les premiers degrés de la hiérarchie militaire, et, sur le champ
de bataille de Friedland, l'adjudant-sous-officier Négrier recevait,
des mains de l'empereur, la croix de la Légion-d'Honneur, alors
si peu prodiguée.

L'année suivante, le 2ᵉ léger faisait partie des troupes en-
voyées en Espagne. A la bataille de Burgos, aux combats de
Camonal, de San-Vincente-de-la-Bagneira et de Villafranca,
Négrier gagnait à la pointe de son épée l'épaulette de sous-
lieutenant, et, quelques mois après, celle de lieutenant. Les
combats de Casabellos, de Lugo et d'Elvina, les batailles de la

meurant en cette paroisse, né le 27 du mois d'avril de cette année,
qui a été ondoyé en cette église par nous vicaire soussigné, le même
jour, par permission de monseigneur de Gonssans, évêque du
Mans. Le parrain a été, haut et très-puissant seigneur, monseigneur François-Marie-Cazimir Franquetot, marquis de Coigni, maréchal des camps et armées du roy, mestre de camp, général des
dragons, chevalier de l'ordre royal et militaire de Saint-Louis, demeurant à Paris, en son hôtel, paroisse de Saint-Germain-l'Auxer-
rois, représenté suivant sa procuration dattée de Paris, le 7 du
mois d'avril de cette présente année, duement scellée et attestée
par mestre Piegnais et Deuvet, notaires au Châtelet de Paris, par
messire Louis-Emmanuel de Chaourses, officier au régiment de
dragons de Monsieur, de Beaumont, et la marraine, dona Thérèse
de Clamouse Palyart, grande-mère de l'enfant, épouse de messire
François Palyart, chevalier, conseiller de Sa Majesté très-fidèle au
collège des nobles, chevalier de l'ordre royal du Christ, représentée
suivant sa procuration, datée de Lisbonne, le 8 avril de cette
année, duement scellée et attestée par Tibère Blanc, chancelier du
consulat général de France en Portugal, et par messire Charles
Cardin aîné, de Saint-Didier, consul général de France en Portugal,
par Suzanne-Charlotte de Chaourses, demoiselle, demeurant à
Beaumont-le-Vicomte, lesquels représentants ont signé avec la
mère dudit enfant, présente à la cérémonie, le père absent, d'Agnès-
Louise-Françoise Sanson, demoiselle, épouse de messire Guillaume
Bauquet de Grandval, ici présent.

*Signé :* D. Marie-Anne de Chaourses, Palyart de Négrier, de
Chaourses, M. de Chaourses, officier de dragons au régiment de
Monsieur, Sanson de Grandval, Gauvain de Chaourses, de Chaourses,
Mˡˡᵉ de La Poissonnière, Sanson de Lorchère, Bauquet de Grandval.

Le MAITRE, vicaire.

Corogne, d'Oporto, de Braga, d'Alcoba et de Bussaco fournirent au brillant officier de nouvelles occasions de se distinguer, qui lui valurent, en 1809, le grade de capitaine. Enfin, après avoir glorieusement conquis celui d'officier supérieur aux batailles des Aropiles et de Vittoria, aux combats de Vera, d'Oricati, d'Irun et de la Bidassoa, le jeune chef de bataillon Négrier, ramené en France par la fortune de nos armes, prenait part à cette mémorable campagne dans laquelle le génie de Napoléon jetant un dernier et vif éclat soutenait glorieusement une lutte inégale contre les forces coalisées des puissances du Nord. À Méry, à Craonne où Napoléon défit les alliés, à la sanglante bataille de Laon, à Arcis-sur-Aube et à Saint-Dizier, dernier jour de victoire de cette héroïque campagne, le commandant Négrier combattit vaillamment sous les yeux de l'empereur.

Pendant la courte et funeste campagne de 1815, lutte suprême du génie et du patriotisme contre la fortune, Négrier se distingua parmi les plus braves au milieu de nos héroïques légions. Au combat des Quatre-Bras, qui fut comme le sanglant prologue de la journée dans laquelle la fortune de Napoléon devait périr, à Waterloo enfin, Négrier se créa de nouveaux titres à l'estime de l'armée et à la reconnaissance de son pays. En voyant la victoire abandonner nos drapeaux, pendant que la Garde mourait et ne se rendait pas, le maréchal Ney qui, après un brillant fait d'armes pendant la campagne de France, avait attaché lui-même la croix d'officier de la Légion-d'Honneur sur la poitrine de notre vaillant compatriote, lui dit avec l'accent du désespoir : « Négrier, n'y aura-t-il donc pas une balle pour moi ! » Ce désir d'une mort glorieuse que ni l'un ni l'autre ne devait, hélas ! trouver sur un champ de bataille, Négrier l'éprouvait aussi, et il la chercha au milieu de cette effroyable mêlée qui termina la bataille. Renversé bientôt par un coup de feu, il fallut l'emporter à l'ambulance, et c'est dans ce trajet qu'il reçut encore deux blessures qui mirent ses jours en danger.

Nommé lieutenant-colonel après la seconde restauration, et colonel du 54e régiment de ligne après 1830, le brave Négrier eut à remplir dans les contrées de l'Ouest une mission pénible, dont il s'acquitta de manière à laisser dans le pays les souvenirs les plus honorables. Maréchal-de-camp en 1836, et appelé, l'année suivante, à un commandement en Algérie, il vit enfin se rouvrir devant lui cette carrière de hasards et de gloire vers

laquelle l'attirait une si puissante vocation. Là, de nouvelles
aptitudes se révélèrent en lui, et le général Négrier ne se mon-
tra pas moins habile administrateur que vaillant soldat. Chargé
du commandement de la province de Constantine dans les cir-
constances les plus difficiles, il eut besoin de toute son éner-
gie et d'une infatigable persévérance pour rétablir la régularité
là où règnaient le désordre et la dilapidation, pour ramener la
facilité dans le recouvrement des impôts et la sécurité dans les
transactions commerciales. Sa fermeté, son courage et sa sévère
justice firent succéder, parmi les indigènes, le respect et la
crainte du nom français à des agressions dont l'impunité en-
courageait l'audace. Dans cinq expéditions qu'il dirigea comme
commandant en chef, et dans lesquelles il déploya les talents
militaires les plus élevés, il amena la soumission des tribus
indiciplinées de la province de Constantine et des Kabiles de
Collo. Enfin, une excursion dans le pays des Haractas qui fut la
dernière campagne de son commandement, porta la gloire de
son nom jusqu'aux frontières de la régence de Tunis (1).

Rappelé en France, le général Négrier obtint, comme
lieutenant-général, le commandement important de la 16e di-
vision militaire dont, étant maréchal de camp, il avait déjà
commandé la subdivision du département du Nord. Les évène-
ments de février l'y trouvèrent fidèle à ses devoirs militaires et
entouré de l'estime et de la sympathie générale. Aussi, malgré
les influences du moment et les menaces des trop fameux bulle-
tins, 179,000 suffrages lui conférèrent-ils le mandat de repré-
senter le département du Nord à l'Assemblée nationale, qui le
nomma l'un de ses questeurs.

Les néfastes jours de juin, virent, pour la dernière fois,
briller cette noble épée qu'il n'avait jamais tirée en vain contre
les ennemis de la France. Chargé d'abord de la défense de
l'Assemblée, le général Négrier prit, le 25 juin, le commandement d'une des divisions de l'armée de Paris, et marcha
contre les rebelles, qu'il refoula jusque dans le faubourg
Saint-Antoine, à l'entrée duquel une barricade formidable avait
été élevée. Mais l'effusion du sang français, quelque nécessaire
qu'elle fût, répugnait à ce cœur généreux : avant de porter à

(1) La liste des batailles et combats auxquels a pris part le général
Négrier dépasse le chiffre de cinquante.

la révolte de derniers et terribles coups, il voulut tenter sur elle les voies de la persuasion, et en lui offrant la perspective du pardon, faire cesser une lutte désormais aussi insensée que féroce. Mais ces paroles de paix ne furent point écoutées ; plusieurs coups de feu partirent de la barricade, et le général tomba frappé d'un coup mortel.

Ainsi l'intrépide soldat, comme le saint archevêque, obéissant à la même inspiration généreuse, victimes du même dévouement, devaient laisser à leur pays, comme un exemple et un grand enseignement, le souvenir de leur mort héroïque. Puisse bientôt l'image du chevaleresque Négrier perpétuer parmi nous la mémoire d'une si belle vie couronnée par une si noble fin !

## Première liste des souscripteurs.

MM. Mignerel, préfet de la Sarthe ; Mgr. l'évêque du Mans ; J. Pasquier, ancien préfet de la Sarthe ; Grimault, réprésentant, président du cons. gén. ; de Talhouet, représentant, vice-présid. du cons. gén. ; général Rogé, représentant, memb. du cons. gén. ; Hamon, secrétaire du cons. gén. ; Gendron, vice-secrétaire du cons. gén. ; H. de Saint-Albin, memb. du cons. gén. ; Latouche, id. ; Ozou, id. ; Rigault-Beauvais, id. ; d'Angely, id. ; de Gémasse, id. ; Ch. Thoré, id. ; Grollier, maire de La Flèche, id. ; Provost, juge de paix, id. ; Paillard-Ducléré, ancien député, id. ; Léon Géré, maire de Sablé, id. ; Richard, juge de paix, id. ; d'Aillières, memb. du cons. gén. ; Boisseau d'Artiges, id. ; de Dollon, id. ; Guérin, maire de La Suze, id. ; de Longueval, id. ; de Nicolay, id. ; de Beauvau, id. ; Lecouleux, présid. du trib. civil ; P. Surmont, maire du Mans ; Richard, adjoint ; Raguideau, id. ; Edom, recteur de l'Académie du Mans ; Henri de Riancey, représentant ; Allain, directeur des domaines ; de Lourmel, directeur des cont. directes ; Gheerbrant, directeur des cont. indirectes ; Mousseron, cons. de préfecture, secrétaire gén. ; Boulanger, cons. de préfecture ; Ruillé, id. ; Lecouleux, médecin ; de Mailly, ancien pair de France ; Barré, ancien cons. de préfecture ; Cochelin, ancien notaire ; Ed. Guéranger, naturaliste ; de Montmerqué, cons. à la cour d'appel de Paris ; Rouillard-Jarossay, entrepreneur ; David, architecte, membre du conseil municipal ; Gougeon, memb. du cons. munic. ; E. de Hennezel, ingénieur en chef des mines ; M. **** ; M<sup>me</sup> veuve Négrier de la Ferrière ; M<sup>me</sup> veuve Dagues de Négrier ; Edouard Dagues de

Négrier; P. Vallée, médecin; de Saint-Remy, direct. de l'Asile;
Monnoyer père et fils, imprimeurs; J. Singher, directeur de
l'assurance mobilière, memb. du cons. municipal; Houdbert,
juge; Boutroux, notaire; Ch. Drouet, directeur du musée des
monuments; E. Hucher, vérificateur des domaines; A. Vallée,
ancien magistrat; Morand, prop. à Chenu; Narais Duverger,
entrepreneur; Thiriot, notaire à la Basoge; Bourdon, prop., rue
du Quai, au Mans; Véron, capitaine au Mans; A. Véron, prop.
au Mans; Auguste Courveaule, à Coulans; Rouzay, à Coulans;
Garreau à Coulans; de Loyac, à Vendœuvre, commune de Fay;
Louis Launay, marchand à Coulans; Petrop père, prop. à Coulans; Leroi de la Bouchardière, à la Quinte; Samson, curé de
Degré; Monsimier père et fils, menuisiers à Chaufour; A. Petrop
fils, ancien notaire à Coulans; Tendron, maire de Coulans;
Dufeu, curé de Coulans; Picouleau, vicaire à Coulans; Pottier,
percepteur à Coulans; Olivier de la Boussinière fils, à Brains;
de Gastines, prop. à Chaufour; Bouchevereau, notaire à Cou-
lans; Pichon, clerc à Coulans; Leroux de la Livaudière, prop. à
Fay; Bihoreau, boulanger à Coulans; Jean Bouttier, prop. à
Amné; François Bouttier, prop. à Amné; Delhommeau. cultiv.
à Amné; Letessier, marchand à Amné; Emery François, cultiv.
à Amné; Heurtebise, boulanger à Amné; Hulot, prop. à Amné;
Jousse, curé de Brains; Laboussinière père, propriétaire à Brains;
Turpin, ancien musicien du 54e régiment de ligne, commandé
par le général de Négrier, à Brains; Dézaire, curé de Chaufour;
Chelin, propriétaire, membre du cons. municipal du Mans;
d'Argy, propriétaire à Sainte-Croix; le général Lalande, à
Tours; Etoc-Demazy, médecin de l'Asile; André Thoré, propriétaire au Mans; Ribains, capitaine de recrutement; A. Gau-
tier, adjoint à Sainte-Croix; Dubois, procureur de la Répu-
blique; Louis Chauvel, propriétaire au Mans; André Jolivard,
peintre paysagiste à Paris; Alexis Drouard, propriétaire au
Mans; Desgraviers, propriétaire à Sainte-Croix; Faribault-
Legoué, propriétaire au Mans; Lebreton, banquier au Mans;
Julien, imprimeur au Mans; Thorel, négociant au Mans; Hou-
dayer, négociant au Mans; Deniau, huissier au Mans; Ray-
mond, négociant en vins, au Mans; Vérité-Bidault, ancien
adjoint; Baligand, négociant en épiceries; Lamotte, propriétaire à Sainte-Croix; Loiseau, négociant au Mans; Lebourdais
aîné, propriétaire au Mans.

Le Mans, le

*Monsieur,*

Depuis long-temps , beaucoup de nos compatriotes désiraient qu'il fût ouvert une souscription pour faire couler en bronze UN BUSTE DU GÉNÉRAL DE NÉGRIER , né au Mans , paroisse de Saint-Vincent , le 27 avril 1788. Jusqu'ici on l'avait cru originaire du Portugal, mais on a trouvé au Greffe du Tribunal civil du Mans , son extrait de naissance, et, maintenant , c'est une chose avérée que Monsieur le Général de Négrier nous appartient et qu'il doit être compté parmi nos plus grandes célébrités.

Il est temps, Monsieur, que l'on rende à la mémoire de cet illustre Général , dans sa ville natale , tous les honneurs que sa brillante carrière et sa glorieuse mort lui ont si bien mérités.

En conséquence , nous avons l'honneur de vous informer que , dans l'une de ses dernières séances, Messieurs les Membres du Conseil Général ont parfaitement accueilli, ainsi que Monsieur le Préfet Migneret, la souscription que la Commission des Monuments Historiques a eu l'honneur de leur présenter.

1850

2

En vous priant, Monsieur, de vouloir bien vous y associer, nous venons vous demander de nous concilier l'adhésion de vos amis, admirateurs sans aucun doute, comme vous, du noble caractère et du généreux dévouement de notre brave Général.

Nous avons l'honneur d'être avec la considération la plus distinguée,

Monsieur,

*Vos très-humbles et très-obéissants serviteurs,*

Les Membres de la Commission du Musée des Monuments Historiques,


DE SAINT-RÉMY, ANJUBAULT, DELARUE, D'ESPAULART, CHATEL, HUCHER, DAVID, l'abbé VOISIN et DROUET.


*P. S. Veuillez bien renvoyer à l'adresse de M. DROUET, rue du Bourg-d'Anguy, N° 9, la feuille ci-jointe de souscriptions revêtue du plus grand nombre de signatures possibles.*

---

Le Mans, Imprimerie de GALLIENNE, rue de la Paille, 10. — 1850.

# SOUSCRIPTION

## POUR L'ÉRECTION DU BUSTE EN BRONZE

# DU GÉNÉRAL DE DIVISION NÉGRIER,

### NÉ AU MANS, LE 27 AVRIL 1788, MORT A PARIS, LE 25 JUIN 1848,

## POUR LA DÉFENSE DES LOIS ET DE L'ORDRE PUBLIC.

| NOMS DES SOUSCRIPTEURS. | MONTANT de leur SOUSCRIPTION. | |
|---|---|---|
| | | |